Otra Oportunidad

Katharine J. Lee

Dibujos hechos por
la clase de 5º grado
de la Señorita Sena, 2011-2012,
de la escuela Primaria Sweeney
Santa Fe, Nuevo México

Heath Frost y Jean Stratton
Plan y Diseño Gráfico
Traducción hecha por Luz López

Puppy Love Project Editorial
Artistic Disability Awareness Project LLC

One More Chance

Katharine J. Lee

drawings from
Ms. Sena's 2011-2012
5th Grade Class
at Sweeney Elementary
Santa Fe, New Mexico

Heath Frost & Jean Stratton
layout/graphic design
translation Luz López

publisher
Puppy Love Project
Artistic Disability Awareness Project LLC

Este libro le pertenece a

_____

This book belongs to

_____

Con profunda apreciación para:

… Regina McBride por su destreza en la escritura y por su amistad.

… Heath Frost y Jean Stratton, por compartir generosamente su talento y destreza en diseño para pastorear este proyecto desde la inspiración hasta su forma.

… Sandra Sena por compartir su apoyo, así como el preciado tiempo, entusiasmo y habilidad artística de sus estudiantes.

… cada uno de los estudiantes de la clase del 2011-2012 de la Señorita Sena del 5° Grado de la escuela Primaria Sweeney.

… Bob, mi maravilloso marido.

… la legión de estupendos ayudantes a lo largo del camino.

¡Gracias!

Deep appreciation goes to:

...Regina McBride for her writing skills and friendship.

...Heath Frost and Jean Stratton for sharing their talents and design skills so generously to shepherd this project from inspiration into form.

...Sandra Sena for sharing her support and her students' precious time, enthusiasm and artistry.

...each of the students in Ms. Sena's 2012 fifth grade class at Sweeney Elementary School.

...the legion of great helpers along the way.

...my fabulous husband Bob.

Thank you!

¡Crash!
¡Salpicadero!
¡Destrozos!
¡Splat!

Drip …
Drip …
Drip …

Serafina Besos vio como el jugo pegajoso de naranja inundaba la mesa del desayuno. *"¡Oh no!"*, gimió. *"¿Por qué nunca puedo hacer nada bien? ¡Mamá, ayúdame! ¡Por favor, ven pronto!"*, Serafina gritaba mientras trataba de trapear el área del desastre con su faldón.

La mamá de Serafina vio la escena. *"Está bien, angelito. No te preocupes, voy a limpiar todo esto y con tiempo suficiente para ayudarte a preparar esas enchiladas que querías hacer después de la escuela."*

Justo entonces el autobús de la escuela tocó su bocina.

CRASH!

Splatter!

Shatter!

SPLAT!

drip....

drip...

drip...

drip

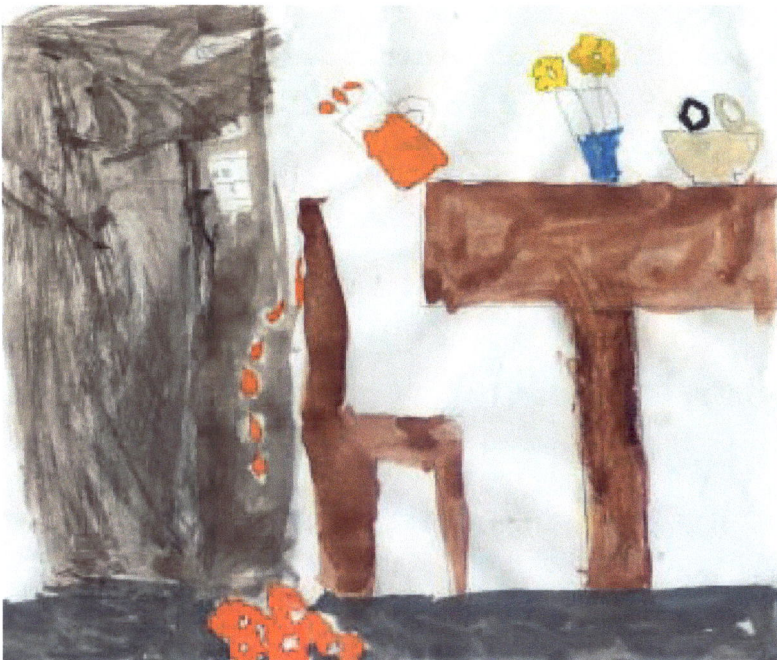

Serafina Besos watched sticky orange juice flood the breakfast table. *"Oh no!"* she wailed. *"Why can't I ever do anything right? Mama, help! Please come quick!"* Serafina shouted, as she tried to mop up the disaster area with her shirttail.

Serafina's mom looked at the scene. *"It's okay, angel. Don't worry, I'll get this all cleaned up in plenty of time to help you prepare those enchiladas you wanted to make after school."*

Just then the school bus honked.

En el bordón de la calle vieron como el chofer del autobús bajaba el ascensor para que Serafina pudiese manejar abordo su silla de ruedas eléctrica.

El motor zumbó al levantarla y Serafina rodó hacia su posición.

Observó cómo el chofer puso todos los cinturones a su silla para mantenerla a salvo durante el corto viaje hacia la escuela primaria Georgia O'Keefe.

At the curb, they watched the van driver lower the lift so that Serafina could drive her power wheelchair on board.

The motor whirred as it raised her up and Serafina rolled into position.

She watched the driver put all the straps on her chair to keep her safe for the short trip to the Georgia O'Keefe Middle School.

Después de la última clase, Serafina se encontró con Miranda, su mejor amiga.

Fueron al gimnasio para ver una demostración de la Escuela para Perros "Súper Servicio" y sus perros de servicio.

"Mira esos lindos perritos. ¡Se nota que están esforzándose bastante por ser buenos!" comentó Serafina.

Pero justo entonces, uno de ellos se soltó y corrió hacia Serafina, puso sus patas en su regazo y le dio un gran y húmedo besito de perro,

¡Slurp!

After their last class, Serafina met up with her best friend, Miranda. They went into the gym to see a demonstration of service dogs by the Super Service Dog School.

"*Look at those cute dogs. You can tell they're trying really hard to be good!*" remarked Serafina.

But just then, one broke free and ran right up to Serafina, put his paws on her lap and gave her one big, wet doggie kiss,

Slurp!

"OOOH, GUÁCALA, ¡QUE ASCO!",
dijo Serafina al empujarlo fuera de su regazo. El perro,
avergonzado, saltó hacia abajo. Al escabullirse lejos de
ella, Serafina notó una cola torcida escondida en medio de
sus piernas.

"Oh, CJ, está bien", dijo el Sr. Pike, el entrenador del
perro avergonzado. Sobándole la cabeza para alentarlo,
continuó: *"Ya sabes que no debes saltar sobre extraños"*.

"*Verán, niñas,*" explicó el Sr. Pike, "*aunque ambos padres
de CJ son campeones, al parecer nadie lo quiere. Quién
sabe, tal vez es por su cola torcida. ¿Pero qué se supone
que debe hacer un perro de cola torcida? Pero todos
estamos de acuerdo de que puede llegar a ser un gran perro
de servicio con la persona correcta. Así que le estamos
dando otra oportunidad. ¿Por qué no vienen ustedes dos a
nuestra escuela para que vean más de lo que hacemos?*"

"OOOH, YUCK, GROSS!"

Serafina said as she pushed him off her lap. The embarrassed dog jumped down. As he slunk away from her, Serafina noticed a funny crooked tail tucked between his legs.

"Oh, CJ, it's okay," said Mr. Pike, the trainer of the embarrassed dog. Stroking his head to reassure him, he continued, "You know you're not supposed to jump up on strangers."

"You see, girls," explained Mr. Pike, "even though both CJ's parents are champions, no one seems to want him. Who knows, maybe it's bcause of his crooked tail. But what is a dog with a crooked tail supposed to do?

We all agreed though, that with the right person he could be a really great service dog. So we're giving him one more chance. Why don't you two come by our place to see more of what we do?"

El siguiente día fue sábado, y después de que Serafina y su mamá pasaron por Miranda fueron a la escuela.

Miranda exclamó, "¡Mira, Serafina! ¡Esos cachorros están aprendiendo como abrir y cerrar puertas!"

"¡Sí! Y mira, aquel está levantando las cosas que se han caído. ¡Vaya que me vendría bien una ayuda como esa!" respondió Serafina.

Entonces vio a CJ. "Miranda, ¡mira! ¡Ahí está CJ! Espero que no me babeé de nuevo".

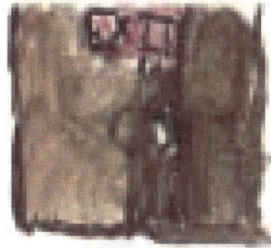

The next day was Saturday and after Serafina and her mom picked up Miranda, they drove to the school.

Miranda exclaimed, "Hey look Serafina! Those puppies are learning how to open and close doors!"

"Yes! And look how that one is picking up things that have been dropped. I could sure use help like that!" Serafina replied.

Then she spotted CJ. "Miranda, look! There's CJ! I sure hope he's not going to SLIME me again."

Cuando CJ escuchó su nombre y vio a Serafina, saltó hacia ella, recogió el guante morado que se le había caído, y lo puso sobre su regazo.

Al mirarla, todo su cuerpo se meneaba. Parecía verdaderamente feliz de verla. Serafina sonrió y lo acarició.

When CJ heard his name and saw Serafina, he bounded over, picked up the purple mitten she'd dropped, and placed it on her lap.

As he looked at her, his entire body wagged. He seemed truly glad to see her. Serafina smiled and petted him.

Todas las visitas tuvieron la oportunidad de practicar un poco el entrenar con los perros de servicio. CJ y Serafina fueron escogidos como pareja para practicar, "*¡Ve por tu correa!*"

A Miranda se le asignó Rocky para practicar, "*¡Siéntate!, ¡quieto!*"

Serafina no pudo evitar el notar que, a diferencia de CJ, Rocky parecía ser absolutamente perfecto en cada orden.

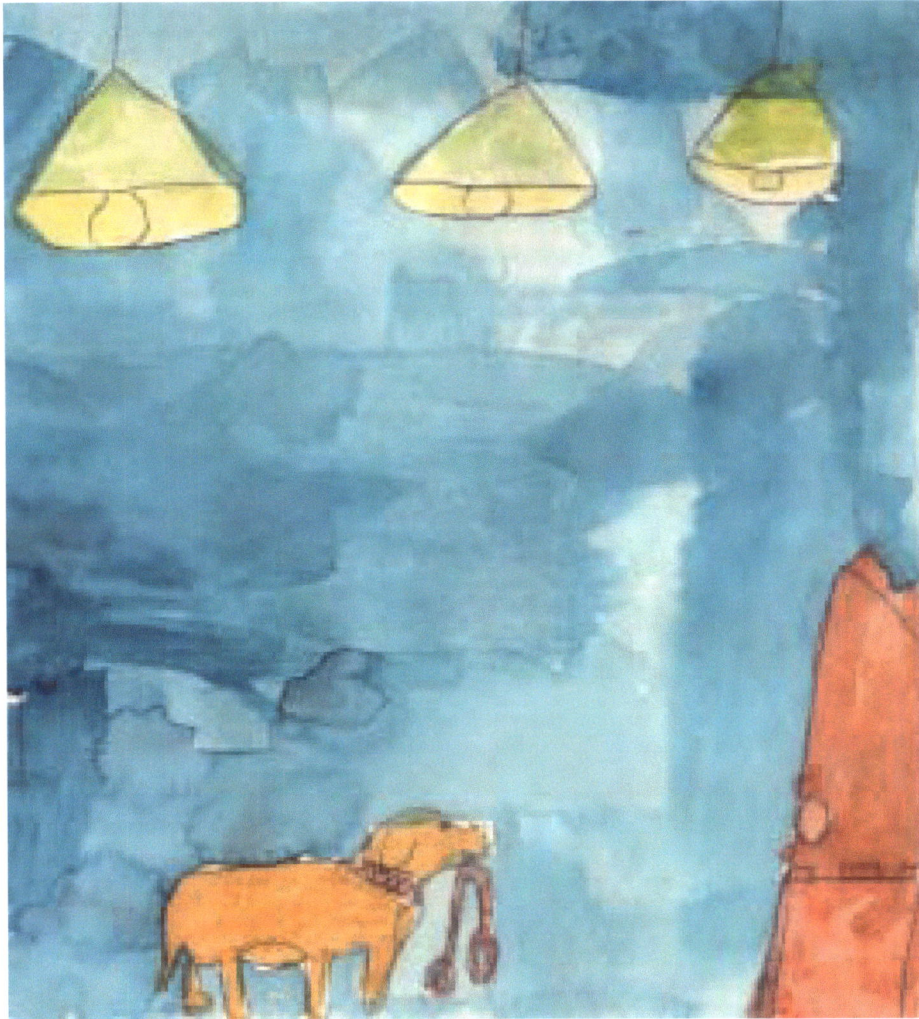

All the visitors had the chance to practice a bit of training with the dogs. CJ and Serafina were paired up together to practice, *"Get your leash!"*

Miranda was assigned to Rocky to practice, *"Sit! Stay!"*

Serafina couldn't help noticing that unlike CJ, Rocky seemed to be absolutely perfect at every command.

Por fin era hora de ir a casa a preparar la cena. *"No sabía que iba a ser tan difícil,"* les dijo Serafina, desalentada, a su mamá y a Miranda.

Pero aun así, mientras decía esto, Serafina recordaba como CJ ponía ese guante morado en su regazo cuidadosamente, viéndola con tanto amor con esos hermosos ojos cafés.

Finally it was time
to go home to make
dinner.

"*I didn't know it
was going to be so
hard,*" the discouraged
Serafina told her mom and
Miranda.

But even as Serafina spoke,
she kept remembering
how CJ carefully placed
that purple mitten
on her lap and looked at her
with so much love in those
beautiful brown eyes.

Esa noche, Serafina tuvo un sueño acerca de CJ. Cuando despertó se puso su bata y zumbó hacia el cuarto de sus padres.

"¿Podemos ir por CJ y traerlo a casa, por favor?", rogó Serafina. "Creo que lo entiendo. Se parece tanto a mí, con su colita chueca tan chistosa; él sabe lo que es sentirse raro y excluido."

That night Serafina
had a dream about CJ.
When she woke up,
she threw on her robe
and zoomed into her
parents' room.

"Could we please
go get CJ and
bring him home?"
Serafina begged.
"I think I
understand him
now. He's so
much like me.
With his funny
crooked tail,
he really knows
what it's like
to feel weird
and left out."

Cuando llegaron a la escuela para perros, Serafina y su mamá buscaron a CJ por todos lados, pero no pudieron encontrarlo.

Al fin, encontraron al Sr. Pike.

Les explicó, "CJ está en mi camioneta. Lo vamos a regresar a la perrera. No creemos que esta listo para ser un animal de servicio confiable."

"¡¡Oh no, Sr. Pike!! ¡Yo confío en él, en serio!", gritó Serafina.

When they got to the dog school, Serafina and her mom searched for CJ everywhere, but they couldn't find him.

Finally they found Mr. Pike.

He explained, "*CJ is in my truck. We're returning him to the kennel. We don't think he's ready to be a trustworthy service animal.*"

"*Oh no, Mr. Pike!! I trust him, I do!*" cried Serafina.

Cuando CJ escuchó su voz empezó a gemir con anhelo.

Cuando el Sr. Pike lo trajo al salón de clases, CJ corrió hacia Serafina y le dio muchos besos. Esta vez a ella no le molestó para nada.

Fue ahí cuando el Sr. Pike dijo, *"Es obvio que los dos quieren ser compañeros de equipo. Supongo que les vamos a tener que dar otra oportunidad a ambos. El examen más grande que tienen que pasar para ser certificados es en tres semanas. Tú y CJ van a tener que trabajar muy duro para perfeccionar noventa y cuatro mandatos. ¿Crees que tú y CJ puedan hacer eso?"*

Pareció como si ambos, Serafina y CJ, asentaran con su cabeza en *"SI"* al mismo tiempo.

When CJ heard her voice, he began to whimper with longing. As Mr. Pike brought him inside the classroom, CJ ran up to Serafina and gave her many kisses. This time she didn't mind at all.

That's when Mr. Pike said, "It's clear you two really want to be teammates. I guess we're going to have to give you guys one more chance. The big test you'll have to pass to be certified is in three weeks. You and CJ will need to work really hard to perfect ninety-four commands. Do you think you and CJ can do that?"

It seemed as if both Serafina and CJ nodded their heads, "YES" at the same time.

El Sr. Pike sonrió. *"Aquí está su correa morada. Puedes llevar a CJ a casa y empezar a trabajar."*

CJ siempre estaba a un lado de Serafina. La primera y última cosa que veía era a CJ observándola, meneando su cola torcida con su juguete favorito asomándose fuera de su hocico.

Practicaban juntos todos los días. Pero CJ cometía muchos errores. Su cola torcida se entrometía de manera que no siempre podía cumplir perfectamente con el *"¡Siéntate!"*.

Además, a veces, cuando ella lo corregía se ponía tan nervioso que terminaba haciendo un charquito en el piso.

En una ocasión, después de que esto sucedió, CJ colgó su cabeza y se fue a quedarse *"¡Quieto!"* por sí solo en la esquina.

Mr. Pike smiled. *"Here's his purple leash. You can take CJ home with you and begin working."*

CJ was always by Serafina's side. The first and last thing she saw was CJ watching her, wagging his crooked tail -- his favorite toy poking out of his mouth.

They practiced together every day. But CJ made a lot of mistakes.

His crooked tail got in the way so he couldn't always *"Sit!"* perfectly.

Plus, sometimes when she corrected him, he got so nervous he made a little puddle on the floor.

One time after that happened, CJ hung his head and went to *"Stay!"* all by himself in the corner.

Habían demasiados errores. Finalmente, el Sr. Pike les dio la mala noticia, *"Lo siento mucho pero vamos a tener que regresar a CJ. Simplemente no está listo."*

"¡Oh no! ¿Qué se supone que debo hacer ahora?" Serafina podía sentir como unas lágrimas calientes comenzaban a punzarle dentro de sus párpados.

El Sr. Pike le dijo con gentileza, *"¿Sabes, Serafina?; si tú y CJ pueden probarme su trabajo como equipo, les daré una oportunidad más."*

CJ saltó. Observó a su alrededor para ver qué era lo que hacía llorar a su Serafina. Vio un tenedor que ella había tirado en el piso esa mañana al estar preparando huevos revueltos para su hermano. CJ lo levantó y lo puso en su regazo, meneando su cola con entusiasmo.

"Oh, CJ, ¡gracias! ¡En verdad eres un gran perro! Sr. Pike, ¿vio eso? ¿No es eso prueba de que está listo?"

El Sr. Pike sonrió y asintió con su cabeza, *"¡Sí!"*

Too many mistakes were being made. Mr. Pike finally gave the bad news, "I'm really sorry, but CJ will have to be returned. He's just not ready."

"Oh no! What am I supposed to do now?" Serafina could feel hot tears start to sting inside her eyelids. Mr. Pike said gently, "You know Serafina, if you and CJ can prove your teamwork to me, I'll give you both one more chance."

CJ jumped up. He looked around to see what was making his Serafina cry. He spotted a fork on the floor she had dropped earlier when making scrambled eggs for her brother. CJ picked it up and placed it on her lap, wagging his tail enthusiastically.

Oh CJ Thank you! You really are such a good dog!Mr. Pike, did you see that? Doesn't that prove he's ready?"

Mr. Pike just smiled and nodded his head, "Yes!"

Fue dos días después que el examen tuvo lugar en el centro comercial, un lugar lleno de distracciones, sonidos y aromas.

A Serafina se le dio una copia del examen.

El Sr. Pike se veía muy serio mientras daba las instrucciones, *"Serafina, para empezar quiero que CJ y tu vayan a esa tienda y finjan comprar una blusa nueva. No dejes que CJ se distraiga; mantenlo enfocado en ti.*

Hagan todo lo que se les pide en el listado, tan bien como puedan, y cuando terminen vengan a encontrarnos en la zona de restaurantes. ¡Buena suerte!"

Serafina sobó la cabeza de CJ y dijo *"¡Ok, CJ! ¡Vamos!"*

It was two days later when the test was held at the mall, a place full of distracting sights, sounds and smells.

Serafina was handed a copy of the test.

Mr. Pike looked very serious as he instructed, *"Serafina, to begin with I want you and CJ to go into that store and pretend to shop for a new blouse. Don't let CJ get distracted; keep him focused on you.*

Do everything on the list as well as you and CJ can, and when you're done, come meet us at the food court. Good luck!"

Serafina rubbed CJ's head and said,
"OK, CJ!

Let's GO!"

Tarea por tarea, avanzaron a través del listado. Pero justo cuando habían terminado tuvieron un encuentro con una familia que adoraba a los perros. Tres niños corrieron hacia CJ.

"*¡Hola, perrito!*" gritaron cuando empezaron a abrazarlo. CJ se quedó helado y levantó la vista hacia Serafina pidiéndole guía.

Esto era algo que habían practicado mucho en clase. Ella sabía exactamente qué decir: "*Disculpen, pero este es mi animal de servicio y en este momento estamos trabajando, así que por favor solo ignórenlo.*"

Después fueron a encontrarse con el Sr. Pike en el área de restaurantes para descubrir cómo les había ido en el examen.

Task by task, they progressed through the list. But just when they had finished, they had an encounter with a family who really loved dogs. Three kids rushed up to CJ.

"Hello doggie!" they shouted as they began hugging him. CJ froze. He looked up to Serafina for guidance.

This was something they had practiced a lot in class so she knew exactly what to say: "Excuse me, but this is my service animal and we're working right now so please just ignore him."

Then they went to meet Mr Pike at the food court to find out how they'd done on the test.

"¡Felicidades!

¡Después de haber tratado sólo una vez, han aprobado el examen con gran éxito! ¡Estoy muy orgulloso de ambos!"

El día después de la graduación, CJ y Serafina subieron al autobús de la escuela. Serafina puso a CJ en un "¡Siéntate! ¡Quieto!" y observó al chofer asegurándole los cinturones.

La mayoría de sus amigos y muchos de sus profesores se habían formado afuera de la escuela, recibiéndolos con globos y haciendo porras a medida que el ascensor los bajaba a la banqueta.

"Congratulations!

After only one try, you've passed with flying colors! I'm really proud of you both!" exclaimed Mr. Pike.

The day after graduation, CJ and Serafina boarded the school bus. Serafina put CJ in a *"Down! Stay!"* and watched the driver secure her.

Most of her friends and many teachers were lined up outside, greeting them with balloons and loud cheers as the lift lowered them to the sidewalk.

Ahora, siempre que Serafina comienza a sentirse
desanimada, CJ está justo a su lado, meneando su colita
chueca y alentándola con todo su ser.

Entonces ella lo acaricia y se le acerca para susurrar
en sus suaves orejas aterciopeladas,

"¡Oh, gracias, CJ! ¡Te quiero!"

Now, whenever Serafina starts to feel discouraged, CJ is right there by her side, wagging his crooked tail and encouraging her with his whole self.

Then she pets him and leans in close to whisper into his velvet-soft ears,

"Oh **thank you**, CJ!

I love you!"

FIN

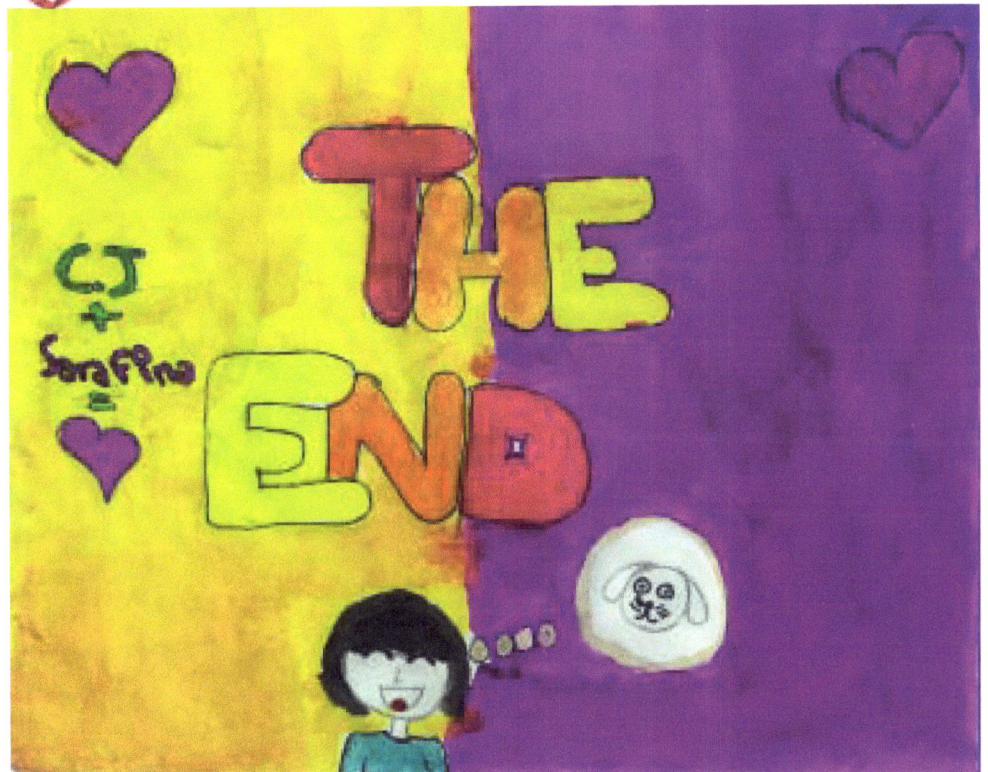

www.ingramcontent.com/pod-product-compliance
Lightning Source LLC
Chambersburg PA
CBHW041547040426
42447CB00002B/76